Petit monde vivant

LES CASTORS

Bobbie Kalman

Traduction : Marie-Josée Brière

Les castors est la traduction de *The Life Cycle of a Beaver* de Bobbie Kalman (ISBN 978-0-7787-0702-8).
© 2007, Crabtree Publishing Company, 612 Welland Ave., St.Catherines, Ontario, Canada L2M 5V6

Catalogage avant publication de Bibliothèque et Archives nationales du Québec et Bibliothèque et Archives Canada

Kalman, Bobbie, 1947-

    Les castors

    (Petit monde vivant)
    Traduction de : The life cycle of a beaver.
    Pour enfants de 6 à 10 ans.

    ISBN 978-2-89579-181-2

1. Castors - Cycles biologiques - Ouvrages pour la jeunesse. 2. Castors - Ouvrages illustrés - Ouvrages pour la jeunesse.
I. Titre. II. Collection: Kalman, Bobbie, 1947- . Petit monde vivant.

QL737.R632K3414 2008   j599.37   C2007-942483-X

Recherche de photos
Crystal Foxton

Illustrations
Barbara Bedell : page 4 (capybara)
Vanessa Parson-Robbs : quatrième de couverture, pages 4
(gerboise), 6, 9, 11, 14, 17, 28 et 30
Margaret Amy Salter : pages 18-19 et 22-23

Photos
Alan et Sandy Carey / Alpha Presse : page 16
Animals Animals – Earth Scenes : © Loomis, Jennifer : page 27 ;
© Whitehead, Fred : page 29 (en haut)

Bruce Coleman Inc. : Jen et Des Bartlett : pages 11 et 12 ; Erwin et
Peggy Bauer : page 13 (en haut) ; Wolfgang Bayer : page 8 (en haut) ;
Norman Owen Tomalin : page 7 (en bas)
© W. Perry Conway / Corbis : page 25
iStockphoto.com : pages 20, 26, 29 (en bas) et 30
Minden Pictures : Konrad Wothe : page 31 (en haut)
Photo Researchers, Inc. : Tom et Pat Leeson :
page couverture, page 10 ;
James Steinberg : page 21
robertmccaw : pages 13 (en bas) et 24
© ShutterStock.com / Robert Kyllo : page 28
Visuals Unlimited : Bill Banaszewski : page 17 ; John Green : page 5 ;
William Grenfell : pages 14-15
Autres photos : Corel, Creatas et Photodisc

Nous reconnaissons l'aide financière du gouvernement du Canada par l'entremise du Programme
d'aide au développement de l'industrie de l'édition (PADIÉ) pour nos activités d'édition.

 Conseil des Arts **Canada Council**
du Canada **for the Arts**

Bayard Canada Livres Inc. remercie le Conseil des Arts du Canada
du soutien accordé à son programme d'édition dans le cadre
du Programme des subventions globales aux éditeurs.

Dépôt légal – 1er trimestre 2008
Bibliothèque nationale du Québec
Bibliothèque nationale du Canada

Direction : Andrée-Anne Gratton
Traduction : Marie-Josée Brière
Graphisme : Mardigrafe
Révision : Johanne Champagne

© Bayard Canada Livres inc., 2008
4475, rue Frontenac
Montréal (Québec)
Canada H2H 2S2
Téléphone : 514 844-2111 ou 1 866 844-2111
Télécopieur : 514 278-3030
Courriel : edition@bayard-inc.com

Imprimé au Canada

Table des matières

Qu'est-ce qu'un castor?

Les castors sont des mammifères. Ce sont des animaux à sang chaud: la température de leur corps reste à peu près la même, qu'il fasse chaud ou qu'il fasse froid. Les mammifères ont une **colonne vertébrale.** Ils ont aussi des poumons, qui leur permettent de respirer de l'air. Les petits mammifères boivent du lait de leur mère.

Le capybara est le plus gros des rongeurs. Il peut atteindre jusqu'à 130 centimètres de long!

Des mammifères à longues dents

Les castors font partie d'un groupe de mammifères appelés « rongeurs ». Les capybaras, les écureuils, les souris et les gerboises sont aussi des rongeurs. Ils ont de longues dents, qui n'arrêtent jamais de pousser. Ils doivent donc gruger constamment des objets durs pour éviter qu'elles deviennent trop longues, et pour qu'elles restent bien aiguisées.

La gerboise naine à queue épaisse est le plus petit des rongeurs. Elle ne mesure que cinq centimètres! Sa queue fait plus de deux fois la longueur de son corps.

Deux sortes de castors

Il y a deux espèces de castors : le castor américain et le castor eurasien. Le castor américain est répandu dans presque toute l'Amérique du Nord. Le castor eurasien se retrouve dans de nombreux pays du nord de l'Europe et du nord de l'Asie. Ce livre porte uniquement sur le castor américain.

L'habitat des castors

L'habitat d'un animal, c'est l'endroit où il vit dans la nature. Les castors vivent dans la forêt. Ils y aménagent des habitations, appelées « huttes », dans les ruisseaux, les rivières, les étangs et les lacs. Ils se servent des arbres qui bordent ces plans d'eau pour construire leurs huttes.

Les castors construisent leurs huttes dans des endroits où il y a au moins un mètre d'eau. Ils choisissent aussi des cours d'eau où le courant n'est pas trop fort. Autrement, le courant pourrait les emporter.

Le corps du castor

Les castors ont un corps parfaitement adapté à la vie dans l'eau. Ils ont une épaisse fourrure **imperméable**, et une longue queue plate qui leur sert à se diriger et à se propulser dans l'eau.

Leurs pattes arrière sont palmées, ce qui veut dire que leurs orteils sont reliés par une mince couche de peau. Comme des nageoires, ces pattes palmées les aident à nager.

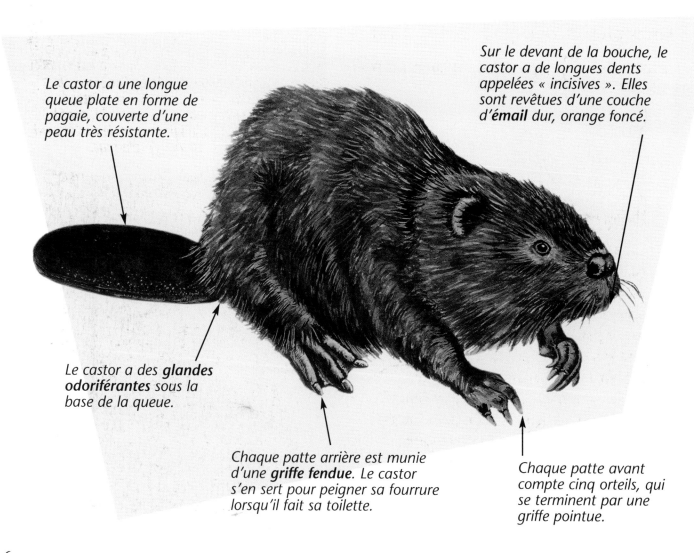

Le castor a une longue queue plate en forme de pagaie, couverte d'une peau très résistante.

Sur le devant de la bouche, le castor a de longues dents appelées « incisives ». Elles sont revêtues d'une couche d'**émail** dur, orange foncé.

Le castor a des **glandes odoriférantes** sous la base de la queue.

Chaque patte arrière est munie d'une **griffe fendue**. Le castor s'en sert pour peigner sa fourrure lorsqu'il fait sa toilette.

Chaque patte avant compte cinq orteils, qui se terminent par une griffe pointue.

Une merveilleuse fourrure

Le corps du castor est protégé par
deux couches de fourrure. Sur la peau,
une épaisse couche soyeuse –
la bourre – le garde au chaud.
La couche du dessus est faite de
longs poils raides appelés « **jarres** ».
Le castor fait sa toilette pour garder ses
jarres propres et imperméables. Ainsi,
sa bourre et sa peau restent bien au sec.

*Quand la température refroidit, à l'automne, la
fourrure du castor devient plus fournie. Cette fourrure plus épaisse l'aide à résister au froid. Avec le
retour du beau temps, au printemps, le castor perd
une partie de cette fourrure; c'est la mue.*

Propre, propre, propre !

Le castor fait sa toilette souvent. Il commence
par se nettoyer la face, le ventre et les épaules
avec ses pattes avant. Ensuite, il peigne le
reste de sa fourrure avec les griffes fendues
de ses pattes arrière. Pour finir, il étend sur
tout son corps, avec ses pattes avant, l'huile
provenant des glandes odoriférantes
situées sous la base de sa queue. Grâce à
cette huile, ses jarres sont imperméables.
De plus, l'huile rend sa fourrure lisse,
ce qui l'aide à glisser dans l'eau.

Ce castor fait sa toilette.

Qu'est-ce qu'un cycle de vie?

L'espérance de vie

L'espérance de vie est la durée moyenne de la vie d'un animal. Celle des castors est de 10 à 20 ans. Le plus vieux castor connu est mort à l'âge de 21 ans.

Tous les animaux passent par une série de changements qu'on appelle un « cycle de vie ». Après leur naissance ou leur éclosion, ils grandissent, se transforment et deviennent adultes. Ils peuvent alors s'accoupler, c'est-à-dire s'unir à un autre animal de leur espèce pour faire des bébés. Chaque fois qu'un bébé naît, un nouveau cycle de vie commence.

Le cycle de vie du castor

Les castors commencent leur vie à l'état d'embryons, qui se développent dans le corps de leur mère jusqu'à ce qu'ils soient prêts à naître. Au printemps, plusieurs bébés naissent en même temps ; c'est ce qu'on appelle une « portée ». Chaque portée compte généralement quatre petits, qui vivent dans la hutte avec leurs deux parents. Le printemps suivant, quand les petits ont un an, leur mère donne naissance à une autre portée. La hutte abrite donc maintenant une dizaine de castors : la mère, le père, quatre jeunes d'un an et quatre bébés. Ce groupe familial porte le nom de « colonie ». Quand les jeunes atteignent l'âge de deux ans, au printemps suivant, ils quittent la hutte pour se trouver un partenaire. L'hiver venu, ils deviennent adultes. Ils pourront alors fonder leur propre colonie en s'accouplant avec leur partenaire pour avoir des petits à leur tour. Les **partenaires** restent ensemble toute leur vie.

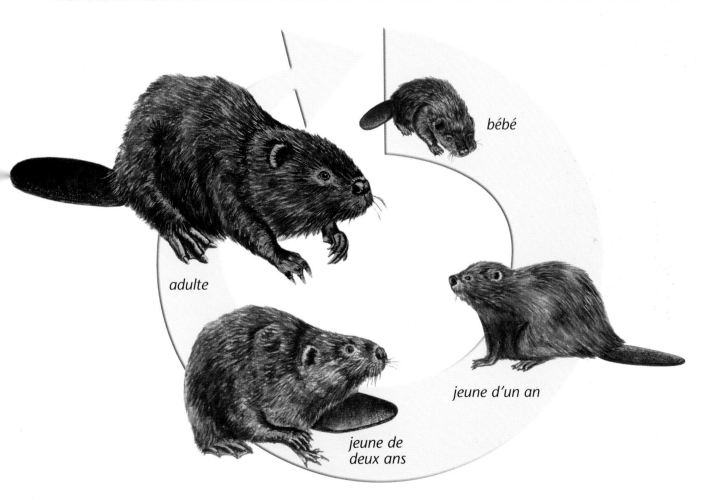

bébé

adulte

jeune d'un an

jeune de deux ans

La naissance des petits

Les bébés castors naissent généralement en avril, en mai ou au début de juin. Ils pèsent environ un demi-kilo et mesurent une trentaine de centimètres de longueur. Leur corps est déjà couvert de fourrure. Après leur naissance, la mère fait leur toilette, et ils commencent tout de suite à boire son lait.

À la naissance, les bébés castors ont une fourrure rougeâtre, brune ou noire. Ils resteront avec leurs parents environ deux ans.

Les tâches des parents

Chez les castors, le père et la mère prennent soin des petits. Ils font leur toilette souvent. Les petits naissent avec des incisives qui leur percent les gencives. Quand ils ont environ trois jours, ils commencent à manger des plantes. Les parents apportent des feuilles et des brindilles tendres dans la hutte, et ils tiennent cette nourriture dans leur bouche pour que les petits puissent la grignoter. Les petits continuent cependant de boire le lait de leur mère pendant au moins un mois.

En sécurité à l'intérieur

La plupart des bébés castors sont capables de nager peu après leur naissance, mais les adultes les gardent généralement dans la hutte. Les petits y sont en sécurité, à l'abri des prédateurs. Les prédateurs, ce sont des animaux qui chassent d'autres animaux pour les manger. Les loups, les ours et les aigles, par exemple, mangent parfois des bébés castors.

Les bébés castors poussent de petits cris pour avoir de la nourriture et de l'attention de leurs parents.

11

La croissance

Les bébés castors apprennent à faire leur toilette eux-mêmes avant l'âge de deux semaines. C'est une leçon importante pour eux! Ils peuvent ainsi rester propres et en santé, et rendre leur fourrure imperméable.

Des animaux nocturnes

Les castors sont des animaux nocturnes, ce qui veut dire qu'ils sont surtout actifs la nuit. Vers l'âge de trois semaines, les petits sortent nager à la tombée de la nuit pour la première fois.

Un peu d'aide

Quand les petits apprennent à nager, leurs parents les surveillent de près. Certains savent nager immédiatement, alors que d'autres commencent par s'agripper sur le dos ou la queue d'un de leurs parents. Les parents peuvent aussi transporter un petit dans leur bouche s'il ne se débrouille pas très bien. Mais, avant longtemps, tous les petits castors nagent seuls.

Cette mère castor aide un de ses petits à retourner dans la hutte après une sortie.

La recherche de nourriture

Les petits castors cessent de boire le lait de leur mère à l'âge de trois mois. Ils nagent maintenant très bien et peuvent chercher seuls leur nourriture. Ils mangent des feuilles et de l'écorce. Avec leurs dents, ils enlèvent l'écorce sur les branches de petits arbres. Cette nourriture les aide à grossir rapidement. À quatre mois, ils pèsent déjà 4,5 kilos.

À deux mois, les petits castors (comme celui qu'on voit ci-dessus) passent plus de temps qu'avant en dehors de la hutte. Mais ils restent encore tout près de leurs parents.

Apprendre en aidant

Les petits apprennent tout ce qu'ils doivent savoir en imitant leurs parents. Ils transportent par exemple des branches jusqu'à la hutte, comme on le voit à droite. Les castors mangent une partie de ces branches et ils en prennent d'autres pour réparer la hutte : ils les déposent sur la hutte et les recouvrent de boue. À l'automne, toute la famille travaille ensemble à ces réparations, pour pouvoir rester au chaud et au sec dans la hutte pendant l'hiver.

Les jeunes d'un an

À douze mois, les castors ont beaucoup grossi, mais ils n'ont pas encore atteint leur taille définitive. Ils continuent à vivre dans la hutte avec leurs parents. Ils passent beaucoup de temps à chercher de la nourriture. Ils travaillent avec leurs parents, pour les aider à réparer la hutte ou à l'agrandir.

De bons gardiens

Quand les jeunes castors ont un an, leur mère a une autre portée. Ils se rassemblent parfois autour d'elle pendant la naissance. Ils aident leurs parents à s'occuper des petits : ils ramassent de la nourriture pour eux, ils font leur toilette et ils jouent avec eux.

Le grand départ

Au printemps suivant, les jeunes castors ont deux ans. C'est le temps de quitter la hutte familiale. Après leur départ, ils ne restent pas ensemble. Ils nagent séparément vers l'**aval**, c'est-à-dire dans la direction du courant.

Où aller ? Et avec qui ?

Les jeunes nagent vers l'aval à la recherche de deux choses : un partenaire et un territoire où s'installer. Un territoire, c'est un secteur où un castor – seul ou en colonie – vit et trouve à manger. Chaque jeune cherche comme partenaire un autre jeune de son âge, de sexe opposé. Certains jeunes commencent par se choisir un partenaire, avec qui ils chercheront un territoire. D'autres trouvent d'abord leur territoire et attendent ensuite qu'un partenaire vienne les y trouver. Quand deux jeunes forment un couple, ils restent ensemble toute leur vie. Toutefois, si l'un des deux meurt, l'autre prend un nouveau partenaire.

À la recherche d'un territoire

Le jeune castor doit trouver un territoire qui n'est pas déjà pris. Les colonies permettent à d'autres castors de passer sur leur territoire, mais pas d'y construire une hutte. Les castors marquent leur territoire en fabriquant des galettes de boue, qu'ils enduisent de l'huile produite par leurs glandes odoriférantes.

C'est chez moi, ici

Le jeune castor renifle toutes les galettes de boue qu'il trouve sur son chemin. L'odeur qui s'en dégage lui indique que le territoire est déjà occupé. Il s'en va donc un peu plus loin en aval. Quand il trouve un secteur qui n'est pas occupé, il place des galettes tout autour pour revendiquer ce territoire.

Cette galette de boue indique à tous les castors que le territoire est déjà occupé.

L'aménagement d'un terrier

Dès que le jeune castor s'est
trouvé un territoire, il commence à
y construire un abri. Il aura ainsi un
endroit pour dormir, pour se protéger du mauvais temps
et pour se cacher des prédateurs qui, autrement, pour-
raient le manger. Son premier abri est souvent un terrier
aménagé sur la berge d'une rivière ou d'un étang, dans un
endroit qui descend en pente vers l'eau. Un terrier, c'est
une maison souterraine creusée par un animal. Si le jeune
castor est seul, il vivra dans ce terrier en attendant d'avoir
trouvé un partenaire. S'il a déjà un partenaire, les deux
castors y resteront jusqu'à ce qu'ils aient fini de construire
leur hutte.

Si aucun endroit ne convient pour creuser un terrier sur la berge, le jeune castor pourra s'abriter sous un buisson ou sous un arbre tombé jusqu'à ce qu'il trouve un partenaire et qu'il construise une hutte.

18

Un peu de hauteur

Le jeune castor ne peut creuser un terrier que si les berges des cours d'eau de son territoire sont assez hautes. Ces berges doivent s'élever à au moins 60 centimètres au-dessus de la surface de l'eau.

On creuse !

Pour aménager son terrier, le jeune castor plonge sous l'eau et creuse un tunnel avec les griffes de ses pattes avant. Il dégage la terre vers le haut, en s'éloignant de la rive, jusqu'à ce qu'il soit rendu au-dessus de la surface de l'eau. Il aménage alors une petite pièce pour dormir. Il empile parfois des brindilles et de la boue au-dessus du terrier pour empêcher les prédateurs d'atteindre cette pièce en creusant dans le sol.

La vie dans la hutte

L'été venu, la plupart des jeunes castors ont trouvé un partenaire. Les couples ainsi formés ont besoin d'une grande maison pour établir leur colonie. Ils doivent donc aménager une hutte solide qu'ils occuperont pendant plusieurs années. Si les berges sont assez hautes, ils s'installeront au bord d'un plan d'eau. Sinon, ils construiront leur hutte au milieu, comme une île.

La construction de la hutte

Pour construire leur hutte, les deux partenaires commencent par **abattre** des arbres. Ils débitent ces arbres en rondins plus petits, ils en détachent les branches et ils traînent le tout dans l'eau. En tenant ces matériaux entre leurs dents, ils plongent sous l'eau et les disposent en tas. Ils ramassent des pierres au fond de l'eau et les placent sur le tas pour le faire tenir en place. Ils prennent ensuite de la boue aux alentours pour boucher les trous entre les branchages et les pierres.

Une entrée pratique

Les castors continuent d'empiler des matériaux et de colmater les trous jusqu'à ce que le tas dépasse la surface de l'eau. Ils plongent ensuite sous l'eau et creusent, avec leurs dents, un étroit tunnel fortement incliné qui va de l'extérieur de la hutte jusqu'au centre. Ils dégagent également un espace au milieu de la hutte, au-dessus du niveau de l'eau. Ce sera leur principal espace de vie, au chaud et au sec. Ils creuseront aussi au moins une autre entrée pour la hutte.

hutte au milieu d'un plan d'eau

Les barrages

Les castors ne construisent leurs huttes que si l'eau est assez profonde et s'il n'y a pas beaucoup de courant. Si leur habitat ne contient que des cours d'eau peu profonds, qui coulent librement, par exemple des rivières ou des ruisseaux, ils y construisent des barrages.

Ce sont des amoncellements de troncs d'arbres et de branches qui ralentissent le courant. En arrivant sur ces barrages, l'eau coule moins vite et s'accumule pour former un étang. Quand l'étang est assez profond, les castors peuvent y construire une hutte.

En construction

Les castors construisent leurs barrages de la même façon que leurs huttes : ils empilent des troncs d'arbres, des branches et des pierres, et ils recouvrent le tout de boue. Un couple de castors peut ériger un barrage de 9 mètres de long en moins d'une semaine !

À réparer souvent

Le courant détache souvent des branches et de la boue du barrage. Les castors vérifient leur barrage chaque nuit et effectuent les réparations nécessaires. Ils y ajoutent des branches, et aussi de la boue pour boucher les trous.

Les barrages de castors ralentissent l'écoulement de l'eau, mais ils ne l'arrêtent pas complètement. La majeure partie de l'eau s'écoule lentement à travers le barrage ou se fraie un passage de part et d'autre.

Une nouvelle colonie

Les jeunes deviennent adultes à la fin de l'automne ou pendant l'hiver. Ils peuvent alors s'accoupler. Quand la femelle est en **chaleur**, son corps dégage une odeur qui indique à son partenaire qu'elle est prête pour l'accouplement. Les partenaires s'accouplent en nageant sous l'eau. Une fois que la femelle est enceinte, elle porte ses embryons à l'intérieur de son corps. C'est ce qu'on appelle la « gestation ». Les embryons se développent tout l'hiver, durant trois mois environ.

Les castors n'ont pas beaucoup de temps pour s'accoupler. Les femelles sont parfois en chaleur seulement douze heures dans l'année!

Les derniers préparatifs

Pendant l'hiver, les castors restent ensemble dans la hutte. Ils dorment beaucoup. Ils préparent aussi l'arrivée de leurs petits. La femelle enceinte aménage un lit douillet pour les bébés à venir. Elle mâchonne des brindilles jusqu'à ce qu'elles soient souples et qu'elles se séparent en filaments. Avec ses dents et ses pattes avant, elle détache ces filaments et les étend sur le sol de la hutte.

Les petits s'en viennent

Quand la naissance approche, le père castor quitte la hutte. Il va s'installer non loin de là, dans un terrier aménagé dans les berges. La mère accouche donc toute seule dans la hutte. Elle place sa queue sous son corps pour accueillir les petits quand ils sortiront. Le père retourne à la hutte après l'accouchement.

Les castors passent l'hiver au chaud dans leur hutte.

La recherche de nourriture

Comme la plupart des rongeurs, les castors sont des herbivores. Ce sont des animaux qui se nourrissent uniquement de plantes. En été, les castors mangent l'écorce des arbres, ainsi que la couche tendre située sous l'écorce. Ils mangent aussi des bourgeons, des feuilles et des brindilles, de même que des baies, des racines et des plantes aquatiques comme les nénuphars.

La pause-repas

Abattre un arbre, c'est beaucoup de travail ! Et ça ouvre l'appétit ! Quand le castor a terminé, il fait une pause pour manger les bourgeons, les feuilles et les petites branches de l'arbre qu'il vient d'abattre. Il calme ainsi sa faim, tout en préparant les matériaux nécessaires à la construction d'une hutte ou d'un barrage.

La survie en hiver

La plupart des castors vivent dans des régions du monde où il fait chaud en été et froid en hiver. L'hiver, l'eau des rivières, des lacs et des étangs gèle à certains endroits, et elle est alors couverte de glace. Les castors ont très peu de plantes à manger en cette saison. Ils ramassent donc de la nourriture en prévision de l'hiver. Ils entreposent des branches et des brindilles près d'un des tunnels d'entrée de leur hutte. Ils pourront ainsi se nourrir pendant la saison froide, même sous la glace.

Ce castor ramasse de la nourriture pour l'hiver.

De multiples menaces

La principale menace qui pèse sur les castors, ce sont les humains. Pendant des centaines d'années, les trappeurs ont chassé les castors pour leur viande et leur fourrure. Au 17e siècle, il y avait environ 200 millions de castors en Amérique du Nord. Ils ont été chassés en si grand nombre qu'ils avaient presque entièrement disparu. Il n'en reste plus que 10 millions aujourd'hui.

On voit sur cette photo une peau de castor. C'est ainsi qu'on appelle la fourrure, une fois détachée de l'animal.

La traite des fourrures

Les premiers **négociants** en fourrure européens sont arrivés en Amérique du Nord au 16e siècle. Ils ont commencé peu après à commercer avec les Autochtones du continent. Ils leur ont offert des biens européens en échange de peaux de castor. C'est ce qu'on a appelé la « traite des fourrures ». Les négociants vendaient ensuite ces fourrures en Europe, où elles étaient transformées en chapeaux et en vêtements. Les fourrures de castor étaient très en demande en Europe. Les négociants européens ont donc encouragé les Autochtones à chasser de plus en plus de castors, pour pouvoir envoyer plus de fourrures en Europe. C'est ainsi que des millions de colonies de castors ont été anéanties.

Les humains

Beaucoup de gens aiment vivre près des rivières et des ruisseaux. Mais, quand les castors construisent des barrages, il arrive que l'eau inonde les propriétés et se répande sur les routes. Il y a aussi des gens qui n'aiment pas que les castors abattent des arbres. La loi interdit de tuer ces animaux. Certaines personnes les piègent ou les tuent quand même pour les empêcher de construire des barrages.

Les produits chimiques

Les usines déversent beaucoup de produits chimiques dans les cours d'eau. La plupart de ces produits sont toxiques et peuvent nuire aux gens, aux plantes et aux animaux, y compris aux castors. Souvent, les castors qui vivent dans des cours d'eau contaminés par des produits chimiques sont malades et meurent.

Nulle part où habiter

Sans aller jusqu'à piéger ou à tuer les castors, les gens essaient parfois de les empêcher de construire des barrages. Ils installent des clôtures ou du grillage autour de leurs arbres pour que les castors ne puissent pas les abattre. Ils peuvent aussi insérer des tuyaux dans les barrages de castors, comme on le voit ci-dessus. Ces tuyaux servent à drainer les étangs dans lesquels les castors construisent leurs huttes. Souvent, les castors quittent leur habitat quand ils ne peuvent pas y abattre d'arbres ou que leur étang n'est pas assez profond. S'ils ne réussissent pas à trouver un nouvel habitat, ils meurent.

Les usines rendent l'habitat des castors malsain.

Des animaux utiles

Les castors sont des animaux importants. En créant des étangs, ils façonnent de nouveaux habitats. Ces **zones humides** fournissent un milieu de vie à des plantes comme des roseaux et des herbes, ainsi qu'à de nombreuses espèces d'oiseaux, d'insectes et d'**amphibiens**, par exemple des grenouilles.

Des réservoirs d'eau

Les étangs de castors sont remplis d'eau. Et le sol qui se trouve au-dessous et tout autour est gorgé d'eau souterraine. Ce sont donc des zones qui ne sont jamais à sec. Or, tous les organismes vivants ont besoin d'eau. Ils en trouvent toujours dans les étangs de castors, même quand les plans d'eau environnants s'assèchent pendant l'été.

Cet étang a été créé par des castors.

Une eau propre

En ralentissant le courant, les barrages de castors aident à purifier et à nettoyer l'eau des ruisseaux. Quand l'eau tourbillonne et coule rapidement, elle ramasse beaucoup de sédiments, c'est-à-dire de la boue qui s'est déposée au fond du ruisseau. Si le ruisseau est obstrué par un barrage, l'eau coule plus lentement, et une bonne partie des sédiments reste au fond. L'eau qui s'écoule du barrage est donc propre. Elle contient très peu de sédiments. Et tous les organismes vivants en profitent.

Pour faire ta part

Tu peux aider les castors en appuyant les **organismes de protection de la faune** qui travaillent à sauver les castors et leur environnement, et aussi en luttant contre la **pollution** pour garder leur habitat propre. Le recyclage est une autre façon d'aider les castors. Recycle les articles en papier, en plastique et en métal plutôt que de les mettre à la poubelle. C'est bon pour tous les habitats quand les gens réduisent la quantité de déchets qu'ils jettent.

Glossaire

abattre Gruger la base d'un arbre jusqu'à ce qu'il tombe

amphibien Animal qui vit en partie dans l'eau et en partie sur la terre ferme

aval Direction vers laquelle coule un ruisseau ou une rivière

chaleur Période pendant laquelle une femelle est prête à s'accoupler

colonne vertébrale Série d'os au milieu du dos d'un animal

émail Couche protectrice dure sur les dents

glande odoriférante Organe qui produit l'huile avec laquelle le castor fait sa toilette

griffe fendue Griffe divisée en deux sur les pattes arrière du castor

imperméable Qui ne laisse pas passer l'eau

jarre Poil qui compose la couche extérieure de la fourrure du castor

négociant Personne qui achète et qui vend des marchandises

organisme de protection de la faune Groupe qui s'efforce de protéger les animaux et leurs habitats

partenaire Un des membres d'un couple d'animaux qui s'accouplent et qui vivent ensemble

pollution Dommages causés à l'environnement par certaines substances

zone humide Zone de terres recouvertes d'eau

Index